Raasti Stolze/Mayoori Buchhalter

AYURVEDA

Vegetarisch Kochen für Geniesser

HEEL

Impressum

HEEL Verlag GmbH
Gut Pottscheidt
53639 Königswinter
Tel.: 0 22 23 92 30-0
Fax: 0 22 23 92 30-13
E-Mail: info@heel-verlag.de
Internet: www.heel-verlag.de

Rezepte: Mayoori Buchhalter und Raasti Stolze
Text: Raasti Stolze
Fotos: Johannes Cawelius
Mandalasymbole: © Microstockfish – Fotolia.com
Satz und Gestaltung: Claudia Renierkens, renierkens kommunikations-design, Köln

Lektorat: Christine Birnbaum

Dieses Kochbuch wurde nach bestem Wissen und Gewissen verfasst. Weder der Verlag noch die Autoren tragen die Verantwortung für ungewollte Reaktionen oder Beeinträchtigungen, die aus der Verarbeitung der Zutaten entstehen.

Printed in Slovenia

ISBN 978-3-86852-508-3

Raasti Stolze/
Mayoori Buchhalter

AYURVEDA

VEGETARISCH
KOCHEN
FÜR GENIESSER

HEEL

Inhalt

VATA   PITTA   KAPHA

Ayurveda – Vegetarisch Kochen für Genießer

„Ayurveda" – die Wissenschaft des gesunden Lebens und die vegetarische Küche sind in Indien beheimatet. Es ist eine ganzheitliche, praktische Gesundheitslehre, die auf eine Jahrtausende alte Tradition zurückblickt und sich im regen Austausch mit Ägypten, China, Griechenland und anderen alten Kulturen entwickelt hat. Und die indische Küche gehört zu den leckersten und vielfältigsten vegetarischen Küchen der Welt!

Die Rezepte, die Sie in diesem Kochbuch finden, folgen den ayurvedischen Prinzipien der Kochkunst und sind dabei doch nicht ausschließlich indisch. Neben den typischen ayurvedischen Gewürzen werden Sie viele einheimische Produkte finden, die wir entsprechend den Jahreszeiten und den „Naturellen" verwenden.

Die Gewürze sind die Juwelen der ayurvedischen Küche und die Schnittstelle, an der Kochkunst und gesundheitliche Aspekte zusammentreffen, sie sind sinnlich, lecker, und bekömmlich. Sie verbreiten einen wunderbaren Duft, haben ein außergewöhnliches Aroma und unterstützen unsere Verdauung und Gesundheit. In Ghee oder Pflanzenöl zu einem köstlichen Gewürzsud angeröstet, wohl dosiert und zu einer Komposition der verschiedensten Geschmacksrichtungen zusammengestellt, bilden sie die Seele eines jeden Gerichts.

Wichtiger als Nährwerttabellen und Essensregeln sind in der ayurvedischen Küche der appetitanregende Duft, das appetitliche Aussehen und die frische, Energie spendende Zubereitungsart der Speisen. Dadurch werden unsere Sinne direkt angesprochen, wir bekommen Lust aufs Kochen und beim Essen stellt sich Wohlbefinden und Genuss ein.

„Wir wünschen Ihnen einen guten Appetit und viel Spaß beim Kochen."

Raasti Stolze
Mayoori Buchhalter

www.5elemente.info
www.biogourmetclub.de

Ayurvedische Kochkunst –

eine kleine Einführung

Die ayurvedische Kochkunst und Ernährungslehre geht davon aus, dass unser Stoffwechsel – und damit auch unsere Bedürfnisse und Vorlieben – so individuell und einzigartig sind wie unser Fingerabdruck.

Ein gut funktionierender Stoffwechsel, das heißt unsere Fähigkeit, aufzunehmen, was wir brauchen und abzugeben, was wir nicht brauchen, ist grundlegend für unsere Gesundheit. Eine zentrale Rolle spielt hier unser Verdauungsfeuer (agni): die Kraft, die Gehaltvolles nachhaltig für uns umwandelt, unsere Körpertemperatur regelt und für eine gut funktionierende Immunabwehr und für einen klaren Geist zuständig ist.

Mit der Auswahl unserer Nahrung und der Art unserer Lebensweise wirken wir tagtäglich auf unser Verdauungsfeuer ein. Und je ausgewogener wir das tun, desto entspannter und gesünder können wir sein.

Folgen wir der ayurvedischen Lehre, dann können wir Ausgewogenheit erreichen, indem wir unserem Naturell, unserer individuellen Konstitution entsprechend leben und essen. Auf die Spur kommen wir unserem Naturell, wenn wir den lebensbejahenden Impulsen in uns folgen und unsere Körperwahrnehmung schulen und achten. Wie fühle ich mich? Was unterstützt mich? Was ist ein guter Ausgleich für mich?

In der ayurvedischen Küche bedeutet das, die Lebensmittel mit all unseren Sinnen zu sehen, zu riechen, zu fühlen und zu schmecken. Und zu spüren, wie sie uns bekommen: Schenken Sie Kraft und Frische oder belasten sie mich? Schmeckt es mir? Genieße ich mein Essen? Wärmt es mich? Macht es mich zufrieden?

Bei dieser Entdeckungsreise schöpfen wir aus dem vielfältigen Angebot der Natur und folgen dem Lauf der Jahreszeiten. Unsere Speisen wählen wir so, dass sie ausgewogen und ausgleichend sind: geschmacklich, energetisch und thermisch.

Grundenergien und Naturelle

Im ayurvedischen Verständnis gibt es die fünf Elemente Feuer, Erde, Wasser, Luft und Raum als Bausteine der Natur. Aus ihnen ist die gesamte Schöpfung entstanden: die Natur und ihre Kräfte, Pflanzen, Mineralien, Tiere und auch die Menschen.

Jedes Element manifestiert sich durch bestimmte ihm eigene Funktionen und Strukturen: Das Erd-Element zeigt sich im menschlichen Körper unter anderem in der Stabilität der Knochen. Das Wasser in den Kreisläufen der Körperflüssigkeiten, das Feuer in der Umwandlungskraft des Stoffwechsels, die Luft in der Bewegung des Atems und der Raum in der Sensibilität des Nervensystems.

Aus den fünf Elementen setzen sich wiederum die drei Doshas Kapha (Wasser und Erde), Pitta (Feuer und Wasser), Vata (Luft und Raum) zusammen.

Wir können die Doshas übersetzen als Grundprinzipien und -temperamente, als Bioenergien und Konstitutionstypen. Überall im Leben, in jedem Lebewesen, in jeder Pflanze und in jedem Nahrungsmittel treten sie auf. Dabei sind sie nicht statisch, sondern dem Wandel des Lebens unterworfen, sie steigen an oder werden weniger. So beeinflussen sie uns je nach Alter, Jahres- oder Tageszeit stärker oder schwächer.

Das Auftreten und die Gewichtung der drei Grundenergien und -prinzipien ist ganz unterschiedlich und macht unser Naturell aus. Die individuelle Zusammensetzung der Energien Kapha, Pitta und Vata bestimmt unsere körperlichen Merkmale, unser Aussehen, unsere körperlichen Schwachstellen und unsere Vorlieben und Eigenarten.

Dominiert eine der Grundenergien übermäßig, vielleicht weil sie schon ausgeprägt in uns vertreten ist und wir sie durch unseren Lebenswandel zu einseitig betonen, kann ein Ungleichgewicht entstehen, das uns körperlich und auch seelisch beeinträchtigt und nach Ausgleich verlangt.

Kennen wir unser Naturell, unsere individuelle Konstitution und leben wir im Einklang mit uns selbst, erleichtert das unser Leben und verbessert unseren Stoffwechsel und unser Wohlbefinden. Die Kunst des Lebens und des Genießens liegt dabei im ausgewogenen Ausgleich der bereits vorhandenen Energien und Eigenschaften:

Sind Sie ein hitziger Typ (vergleiche Pitta) oder haben Sie eine hitzige Phase in Ihrem Leben, schüren Sie das Feuer nicht noch mehr mit heißen Gewürzen, Alkohol und viel Fleisch, sondern sorgen Sie ausgleichend für Erfrischendes und Kühlendes. Sind Sie ein nervöser Typ (vergleiche Vata) oder haben Sie eine unruhige Phase in Ihrem Leben, sorgen Sie ausgleichend für Erdendes und Beruhigendes. Oder sind Sie eher ein träger Typ (vergleiche Kapha) oder haben eine träge Phase in ihrem Leben, dann sorgen Sie ausgleichend für Stimulierendes.

Der Dreiklang von KAPHA, PITTA und VATA

Jede dieser drei Bioenergien hat ihre ganz speziellen Aufgaben und Funktionen im Kreislauf der Natur und im ausgewogenen Zusammenspiel des menschlichen Organismus. Und alle drei Grundprinzipien sind mehr oder weniger ausgeprägt in jedem von uns vertreten und zeigen sich anhand der ihnen zugeschriebenen Eigenschaften und Körperattribute.

Das bedeutet, dass wir Menschen grundsätzlich „Misch-Typen" sind und von Geburt an unseren ganz individuellen Dreiklang dieser drei Energien haben, der im Laufe unseres Lebens durch unsere Umwelt und unseren Lebenswandel beeinflusst wird.

Meist liegt dabei eine natürliche Dominanz einer oder zweier Temperamente vor. Wir sprechen bei einer Dominanz von Pitta vom Pitta-Typen oder Pitta-Naturell. Dominiert Kapha, sprechen wir vom Kapha-Naturell und dominiert Vata, sprechen wir vom Vata-Naturell. Bei der Dominanz zweier Temperamente sprechen wir je nach Auftreten von der Mischform: Pitta-Kapha-Naturell oder Vata-Pitta-Naturell oder Kapha-Vata-Naturell.

KAPHA
(Erde und Wasser)

Kapha stellt das Grundprinzip Struktur und Stabilität dar, es ist die Kraft, die Körpermasse bildet, den Körper aufbaut und stabil macht (Aufbaustoffwechsel).

Treffen die Eigenschaften kalt, schwer, ölig, feucht, klebrig, langsam, süß, salzig, stabil, beständig, trüb, weiß auf einen Menschen oder auf ein Lebensmittel zu, dann ist Kapha vorhanden. Je mehr Eigenschaften in der einen oder anderen Erscheinungsform zutreffen oder je dominanter die eine oder andere Eigenschaft auftritt, desto stärker ist Kapha ausgeprägt.

Ein Mensch mit ausgeprägtem Kapha-Naturell hat einen kräftigen Körperbau und nimmt leicht zu. Er wird selten krank, ist er aber einmal erkrankt, dann meist schwerwiegend (stabil, schwer).

Er hat helle, weiche bis ölige Haut, große Augen und volles Haar (ölig, feucht, schwer). Er liebt ein bequemes und stetes Leben und seine Familie und Freunde (beständig.) Er ist gutmütig, tolerant und ausgeglichen (stabil, beständig). Er spricht und bewegt sich langsam. Er ist in der Lage, Dinge für sich zu verwerten und Besitz anzusammeln (Prinzip Struktur und Stabilität).

Mayonnaise oder Sahnetorte sind zum Beispiel Speisen mit vielen Kapha-Eigenschaften: kalt, schwer, ölig, feucht, klebrig, salzig, weiß. Ein Kapha-Typ sollte sie meiden, da sie sein bereits vorhandenes Kapha erhöhen und nicht ausgleichend wirken.

Typische Merkmale einer ausgeprägten Kapha-Konstitution sind Geduld, Kraft, Widerstandskraft, Zufriedenheit und Großzügigkeit, Wunsch nach Geborgenheit, Sicherheit und wiederkehrenden Gewohnheiten.

Befindet sich Kapha im Ungleichgewicht, dann zeigt sich das in Genusssucht, Gier, Trägheit, Lustlosigkeit, Antriebslosigkeit, Depression, schwacher Verdauung, Schnupfen, verschleimten Nebenhöhlen, Übergewicht und Diabetes (schwer, ölig, feucht, klebrig).

Zum Ausgleich von Kapha hilft Aktivität und Bewegung, die Betonung der Geschmacksrichtungen bitter, herb und scharf, gut gewürztes und warmes Essen, leichte Speisen, scharfe, anregende Kräuter und Gewürze und viel Gemüse.

Reduzieren sollte man Süßigkeiten, Milchprodukte, Schweres und Fettes.

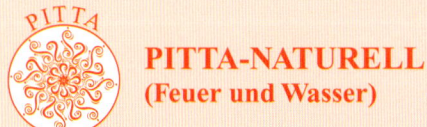

PITTA-NATURELL
(Feuer und Wasser)

Pitta stellt das Grundprinzip der Umwandlung und Energiegewinnung dar. Es regelt den Stoffwechsel, die Verdauung und die Körpertemperatur.

Treffen die Eigenschaften heiß, leicht, scharf, ölig, sauer, durchdringend auf einen Menschen oder auf ein Lebensmittel zu, dann ist Pitta vorhanden. Je mehr Eigenschaften in der einen oder anderen Erscheinungsform zutreffen oder je dominanter die eine oder andere Eigenschaft auftritt, desto stärker ist Pitta ausgeprägt.

Ein Mensch mit ausgeprägtem Pitta-Naturell hat eine mittlere Statur oder einen athletischen Körperbau und verfügt über viel Energie (heiß). Seine gesundheitlichen Schwachstellen sind die Haut, ein gereizter Magen sowie Entzündungen (heiß, ölig, sauer). Muttermale oder Sommersprossen und sonnenempfindliche Haut sind typisch für ihn, ebenso wie früh ergrauendes und zurückgehendes Haar. Er verfügt über eine gute Verdauung und warme Körpertemperatur bis hin zur inneren Hitze (heiß). Er ist kompetent, anspruchsvoll, ehrgeizig und liebt es, Verantwortung zu tragen und sich im Wettkampf zu messen. (heiß, durchdringend). Bekommt er viel Anerkennung, dann ist er sehr großzügig. Er verfügt über einen messerscharfen Verstand, ist schlagfertig und gewinnt durch seinen Humor (durchdringend).

Die Chili-Schote ist ein typisches Pitta-betontes Lebensmittel. Ausgeprägte Pitta-Typen sollten sie meiden.

Typische Merkmale einer ausgeprägten Pitta-Konstitution sind Zielorientiertheit, Kraft, Dynamik, Stärke, Präzision, Verantwortungsbewusstsein, Tapferkeit, Mut, Intelligenz und Humor.

Befindet sich Pitta im Ungleichgewicht, dann zeigt sich dies in Reizbarkeit, Perfektionismus, Kritiksucht, Misstrauen, Egozentrik, Ungeduld, Aggression, Arbeitswut, ungezügelter Kraft, Gefühlskälte, Destruktivität, emotionalen Ausbrüchen, innerer Anspannung, Heißhunger, Zahnfleischbluten, Sodbrennen, Gastritis, Hautproblemen, stark riechendem Schweiß.

Zum Ausgleich von Pitta hilft Abkühlung, Erfrischung, Toleranz und Gleichmut, außerdem die Betonung der Geschmacksrichtungen süß, bitter und herb, nahrhaftes und sättigendes Essen, frische und knackige Salate, grüne Kräuter und Gemüse, Ghee, erfrischende Getränke, die aber nicht eiskalt sein sollten.

Reduzieren sollte man scharfe, sehr salzige und fette Speisen, Alkohol und Kaffee.

VATA-NATURELL
(Luft und Raum)

Vata stellt das Grundprinzip der Bewegung und Veränderlichkeit dar. Es setzt Aktivitäten in Gang und regelt die Atmung, das Nervensystem und die Ausscheidung (Abbaustoffwechsel).

Treffen die Eigenschaften leicht, trocken, kalt, bewegt, flink, schnell, veränderlich, fein, spröde, rau auf einen Menschen oder auf ein Lebensmittel zu, dann ist Vata vorhanden. Je mehr Eigenschaften in der einen oder anderen Erscheinungsform zutreffen oder je dominanter die eine oder andere Eigenschaft auftritt, desto stärker ist Vata ausgeprägt.

Ein Mensch mit ausgeprägtem Vata-Naturell hat einen zierlichen Körperbau und nimmt leicht ab (leicht). Er macht sich oft Sorgen um seine Gesundheit oder seine Verdauung. Er hat trockene Haut, feines Haar und oft kalte Hände und Füße (trocken, kalt). Er liebt ein abwechslungsreiches und bewegtes Leben. Er reist und zerstreut sich gerne. Und er hasst Routine und Gleichförmigkeit. Seine Bewegungen sind flink und gestenreich (bewegt, flink, schnell, veränderlich). Er ist sehr feinfühlig und mitfühlend. Er hat eine ausgeprägte Fantasie und rasche Auffassungsgabe und ist dabei oft vergesslich oder zerstreut (fein, veränderlich).

Knäckebrot zum Beispiel ist mit seinen Eigenschaften trocken, leicht, kalt, spröde, rau ein sehr Vata-betontes Lebensmittel.

Typische Merkmale einer ausgeprägten Vata-Konstitution sind ein leichter Körperbau, ein schwankender Stoffwechsel, Sensibilität, Begeisterungsfähigkeit, Inspiration, Intuition, Leichtigkeit, Freiheit, Kreativität, Unkonventionalität und Flexibilität.

Befindet sich Vata im Ungleichgewicht, dann zeigt sich das in Nervosität, Ängstlichkeit, Stressempfänglichkeit, Stress, Chaos, Erschöpfung, einer Tendenz zu frieren, Unstrukturiertheit, Trauer, Sorgen, exzessivem Reden, schwankender Verdauung und schwankendem Appetit, Verstopfung, Blähungen, labilem Immunsystem, Schwäche, Schlafstörungen, Verspannungen, Gelenkschmerzen, Nervenreizungen, Rückenschmerzen, oder Osteoporose.

Zum Ausgleich von Vata hilft Regelmäßigkeit, Ruhe und Wärme, die Betonung der Geschmacksrichtungen salzig, süß und leicht sauer, warmes und frisch gekochtes Essen, Suppen und saftiges Gemüse, leicht verdauliche Eiweißquellen, warmer, süßer Frühstücksbrei. Reduzieren sollte man Rohkost und kalte Nahrung.

Gewürze

Gewürze

Die hier aufgeführten typischen ayurvedischen Gewürze finden alle im anschließenden Rezeptteil Verwendung. Wir möchten Ihnen damit eine überschaubare Palette im reichhaltigen Angebot an Gewürzen vorstellen, mit der Sie typisch ayurvedisch kochen können.

Basilikum – leicht scharf, süß gehört zu den „heiligen" Kräutern in der ayurvedischen Kochkunst und hat damit eine ähnlich herausragende Bedeutung wie in der Mittelmeerküche. Es reinigt den Körper und wirkt ausgleichend – auch bei Energiemangel und Trägheit.

Asafoetida (Hing, Stinkasant, Teufelsdreck) – scharf, herb ist ein sehr aromatisches Harz mit intensivem Geschmack, das wir nur in kleinen Mengen verwenden. Es verleiht den Speisen den typisch indischen und ayurvedischen Geschmack. Es hilft bei Blähungen und unterstützt die Verdauung von schwerer verdaulichen Hülsenfrüchten und Kohlgerichten. Im Ayurveda wird es dem Vata-Naturell mit seiner schwankenden Verdauungskraft als Gewürz empfohlen.

Bockshornkleesamen (Methi) – bitter beleben den Stoffwechsel und die Verdauung. Sie werden deshalb gerne dem Kapha-Naturell empfohlen. Bei Schwäche wirken sie aufbauend. Ganz oder grob gemörsert und in Ghee oder Pflanzenöl angeröstet passen sie gut in Gemüsecurrys und Linsengerichte.

Curryblätter – bitter, scharf, leicht zitroniger Geschmack gibt es frisch oder getrocknet. In Öl oder Ghee knusprig angeröstet, schmecken die Blätter des Karibaums in Linsen- und Gemüsegerichten.

Chili oder Peperoni – scharf werden in der indischen Küche aufgrund ihrer Schärfe gerne und oft frisch verwendet und wegen ihrer anregenden Wirkung dem Kapha-Naturell empfohlen. Im Chili ist gespeichert Sonnenenergie enthalten. Entfernt man die Kerne und wässert die in Streifen geschnittene Chilischote, ist sie weniger scharf.

Fenchelsamen – süß, scharf wirken beruhigend auf Nerven und Darm und helfen bei Blähungen und Krämpfen. Sie stärken das Verdauungsfeuer, ohne das Pitta-Naturell zu erhitzen. Nach dem Essen 1 Esslöffel geröstete Fenchelsamen zu kauen, verleiht einen frischen Atem und unterstützt die Verdauung.

Garam Masala – scharf ist neben Curry die bekannteste Gewürzmischung der indischen Küche.

Ingwer – scharf, süß verleiht den Speisen eine angenehme Schärfe, die oft besser verträglich ist als die Schärfe von Chili. Frischer Ingwer wirkt anregend und erhitzend, trockener Ingwer intensiver als frischer. Ingwer unterstützt das Verdauungsfeuer und den Stoffwechsel und hilft bei Erkältungen und Magenschmerzen. Er ist ein Universalgewürz in der ayurvedischen Küche und schmeckt als Tee, in Nachtischen oder Gemüse- und Linsengerichten.

Kardamom – scharf, süß gehört zur Familie der Ingwergewächse. Manchmal verwendet man die leicht angedrückten Kapseln, indem man sie im Nachtisch, im Reis oder in Linsengerichten mitkocht. Es gibt aber auch Rezepte, bei denen die schwarzen oder grünen Kardamomsamen aus den Kapseln gelöst werden und dann ganz oder fein gemahlen verwendet werden. Zwar kann man Kardamom auch fertig gemahlen kaufen, er verliert dann aber sehr schnell seinen Geschmack. Er regt das Verdauungsfeuer an, wirkt schleimlösend und wird deshalb gerne dem Kapha-Naturell empfohlen. Kardamom hilft bei Übelkeit und Aufstoßen. Mit einer Prise Kardamom werden Milchprodukte, Kaffee und Tee bekömmlicher und besser verdaulich.

Koriander – bitter, scharf ist sozusagen die indische Petersilie und eines der am häufigsten vorkommenden Kräuter und Gewürze in der ayurvedischen Küche. Er wird entweder als frisches Kraut verwendet oder in Form getrockneter, ganzer oder gemahlener Samen. Er unterstützt das Verdauungsfeuer und gleicht alle drei Naturelle aus. Dem Pitta-Naturell wird Koriander besonders wegen seiner ausgleichenden, kühlenden Wirkung empfohlen. Er wirkt im Verdauungssystem und in den Harnwegen entzündungshemmend. Frisch gemahlen schenken die Koriandersamen den Speisen ein frisches Aroma.

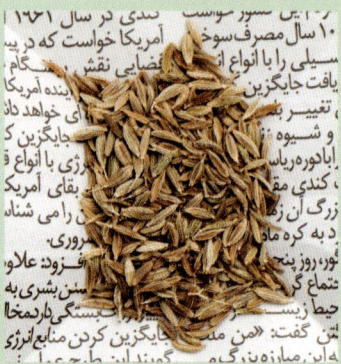

Kreuzkümmel (Cumin) – **bitter, scharf** ist oft Bestandteil der im Handel erhältlichen Gewürzmischungen und gehört in jedes Gemüsecurry oder Linsengericht. Wir verwenden den ganzen Samen, der in Ghee geröstet ein tolles Aroma entwickelt, oder wir mahlen den Samen. Man kann den trocken (also ohne Fett) gerösteten Kreuzkümmel nach dem Abkühlen vor der Verwendung auch fein mahlen. Kreuzkümmel unterstützt das Verdauungsfeuer, reguliert die Darmflora und wirkt blutreinigend. Scharfe Speisen macht er bekömmlicher.

Kurkuma (Gelbwurz, Turmerik) – **bitter, herb, scharf** ist ein Wurzelstock, der zur Ingwerfamilie gehört. Sie ist ein sehr wichtiges Gewürz in der ayurvedischen Küche und Heilkunde. Bei der Verwendung ist Vorsicht geboten, denn sie hat einen sehr bitteren Geschmack und färbt nachhaltig gelb. Kurkuma unterstützt das Verdauungsfeuer und die Darmflora und wirkt blutreinigend und antiseptisch. Kurkuma als gemahlenes Gewürz ist eine wohltuende Zutat in Suppen, Gemüse- und Linsengerichten und Chutneys.

Nelken – **scharf, bitter** sind die getrockneten Blütenknospen eines tropischen Gewürzbaumes. Sie unterstützen die Verdauung, wirken blutreinigend und betäubend bei Zahnschmerzen (Nelken kauen). Sie vertreiben innere Kälte.

Rosenwasser – **bitter, scharf, süß** ist die verdünnte, durch Dampfdestillation gewonnene Essenz von Rosenblättern. Es macht den Kopf klar und wirkt ausgleichend bei Hitze. Wegen seiner kühlenden Wirkung wird Rosenwasser dem Pitta-Naturell empfohlen. In der ayurvedischen Küche verfeinern wir damit Süßspeisen und erfrischende Getränke.

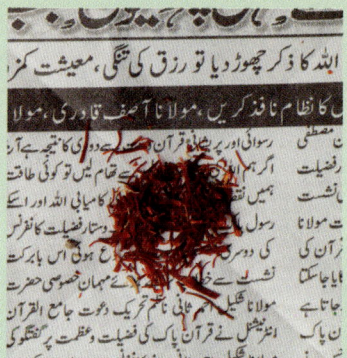

Safran – **bitter** wurde früher in Gold aufgewogen, denn eine Krokusblüte gibt nur einen Ertrag von drei Safranfäden. Vorsicht bei der Dosierung, der Geschmack von hochwertigem Safran ist sehr intensiv. Er wird in der ayurvedischen Küche als Aphrodisiakum und Verjüngungsmittel empfohlen und wirkt aufbauend und harmonisierend auf alle drei Naturelle. Wir zerreiben die Fäden zwischen den Fingern und lösen sie in etwas Wasser auf, bevor wir den Safran zu den Speisen geben.

Schabzigerklee – bitter ist eine Gebirgspflanze, die zur Familie der Hülsenfrüchtler gehört. Er wird ausschließlich getrocknet verwendet, regt den Stoffwechsel an und schmeckt zu Salat- und Joghurtsaucen sowie zu Gemüse.

Vanille – süß gibt es in Form von gemahlenem Vanillepulver oder als ganze Vanillestange, deren Mark man auskratzt. Vanillestangen kann man auch ganz mitkochen, dem Essen wieder entnehmen, säubern und so mehrmals (maximal viermal) verwenden. Vanille hat ein charakteristisches Aroma und schenkt eine angenehme, leichte Süße.

Schwarze Senfsamen – scharf, bitter macht Gemüse- und Linsengerichte interessant. Die Samen haben manchmal auch eine rotbraune Färbung, fördern die Verdauung und werden wegen ihrer anregenden Wirkung dem Kapha-Naturell empfohlen. Beim Rösten in Ghee oder Pflanzenöl beginnen die Samen nach einer Weile zu springen. Man sollte deshalb den Deckel auf den Topf legen und aufpassen, dass die Samen nicht anbrennen.

Zimt – süß, scharf, bitter ist eines der ältesten Gewürze. Er schenkt Nachspeisen und auch herzhaften Gerichten eine angenehme Süße. Zimt wirkt blutreinigend, entkrampfend, reduziert Schleim und wird in der ayurvedischen Heilkunde zur Unterstützung der Bauchspeicheldrüse und bei Diabetes empfohlen. Er stärkt das Verdauungsfeuer und das Herz.

Sternanis – scharf, süß, bitter kennen wir aus der Weihnachtsküche. Er wird entweder ganz mitgekocht oder vor der Verwendung im Mörser grob gemahlen. Obstkompott, Gemüsegerichte und Chutneys erhalten durch Sternanis eine interessante Note. Er beruhigt den Darm und die Nerven und fördert den Schlaf. Deshalb wird er gerne dem Vata-Naturell empfohlen.

Alle Gewürze findet man in gut sortierten Bioläden, Reformhäusern oder über den Internet-Versand.

Zur Vermeidung hoher Pestizidbelastung empfiehlt es sich, die Gewürze aus kontrolliert biologischem Anbau zu kaufen.

Ghee selbst herstellen

Ghee selbst herstellen

500 g Butter

2 Pakete Butter in einem großen Topf mit dickem Boden auf mittlerer Flamme schmelzen. Zunächst verkocht das Wasser in der Butter. Nach 10–15 Minuten die Flamme kleiner stellen, damit nichts anbrennt. Weiter leicht köcheln lassen und dabei stets auf ein mögliches Anbrennen aufpassen. Es bildet sich mit der Zeit eine weiße Kruste oben auf dem heißen Butterfett. Wenn das Butterfett klar goldgelb ist, ist das Ghee fertig (insgesamt nach ca. 30 Minuten).

Etwas abkühlen lassen und dann durch ein Mulltuch, das wie ein Sieb funktioniert, in ein verschließbares Gefäß gießen. Die weiße Kruste wird in dem Mulltuch abgeschöpft (Mulltuch anschließend sofort mit reichlich Spülmittel auswaschen) und nur das goldgelbe Ghee aufgefangen. Sie können es so bei Zimmertemperatur gut und lange aufbewahren.

Wichtig: Ghee immer mit einem sauberen und trockenen Löffel entnehmen!

Ghee ist ein leicht verdauliches, reines Fett. Es ist besonders hoch erhitzbar und wird in der ayurvedischen Küche wegen seiner Heilwirkung geschätzt. Ghee wird allen drei Naturellen empfohlen. Das Kapha-Naturell soll es in Maßen genießen.

Der Gewürzsud – die Seele des Gerichts

In einem ayurvedischen Gemüse- oder Dal*-Gericht wird der Gewürzsud, also die in Ghee angerösteten Gewürze, als die Seele dieses Gerichtes bezeichnet. Wer den harmonischen und verlockenden Duft in Ghee gerösteter Gewürze kennt, versteht sofort warum. Das Prinzip dieses Gewürzsuds ist einfach und die Auswahl der Zutaten vielfältig.

Gewürzsud-Prinzip:
Ghee oder Pflanzenöl in einem Topf auf mittlerer Flamme erhitzen, dann die Gewürze 1–2 Minuten darin anrösten. Erst die ganzen Samen, wie Kreuzkümmelsamen, Kardamomsamen, schwarzen Senfsamen, je nach Menge ca. 1 Minute unter Rühren rösten. Dann die Temperatur herunterstellen, damit die Gewürze nicht verbrennen. Die ganzen Samen sollen aufplatzen, duften und eine leichte Bräunung erhalten und so ihre ätherischen Öle entfalten. Dann entsprechend des Rezeptes gewürfelte Zwiebeln, gehackten Chili oder geriebenen Ingwer dazugeben und andünsten. Nun die gemahlenen Gewürze dazugeben und ca. 30 Sekunden auf mittlerer Flamme unter Rühren anrösten. Zum Schluss das vorbereitete Gemüse oder den Dal unterheben, oder den fertigen Sud in einen Topf mit Dal schütten.

* Dal ist gleichzeitig die Bezeichnung für Linsen, Hülsenfrüchte und für ein Gericht aus Linsen oder anderen Hülsenfrüchten.

Snacks
Salate

Spitzkohlsalat

Zutaten:

1		Spitzkohl
100	g	frischer Ingwer, gerieben
4	EL	Leinöl
1		Zitrone, Saft und Schale
3	EL	Sonnenblumenkerne
3	EL	Cashewkerne
		Salz

Zubereitung:

Den Spitzkohl vierteln und in sehr feine Streifen schneiden. Ingwer schälen, reiben, Saft auspressen und zum Spitzkohl dazugeben. ½ TL Salz dazugeben. Den Spitzkohl einige Minuten mit den Händen kneten, bis die Spitzkohlstreifen an den Rändern etwas glasig werden. Sonnenblumenkerne, Cashewkerne, Zitronensaft, Zitronenschale und Leinöl dazugeben. Mit Salz abschmecken.

ALLGEMEINER TIPP:
Dieser Salat schmeckt auch mit allen anderen Nüssen und Kernen. Anstelle von Spitzkohl kann man auch Chinakohl, geraspelte Karotten oder Kohlrabi verwenden.

Blumenkohl im Teigmantel

Zubereitung:

Den Blumenkohl in Röschen zerteilen. Ca. 300 ml Wasser mit einer Prise Salz zum Kochen bringen, Blumenkohl dazugeben und ca. 10 Minuten bei geschlossenem Deckel kochen, bis der Blumenkohl gar, aber noch fest ist. Durch ein Sieb abgießen und etwas abkühlen lassen.

Für den Teig: Mehl, Kichererbsenmehl, Kreuzkümmel, Kurkuma und Salz vermischen. Nach und nach mit Wasser verrühren, sodass ein dicker Pfannkuchenteig entsteht.

In einem Topf 1 ½ l Rapskernöl erhitzen. Das Fett hat die Frittiertemperatur von 170 °C erreicht, wenn Luftblasen aus einem Holzlöffelstiel aufsteigen, den man kurz in das Öl hält. Jeweils ein Blumenkohlröschen in den Teig eintauchen und dann in das Öl gleiten lassen. 3–4 Röschen auf einmal frittieren. Nach 2–3 Minuten ist der Teig golden und knusprig. Mit einem Schaumlöffel oder einer Zange herausnehmen und auf Küchenkrepp abtropfen lassen. Nach und nach alle Röschen in dieser Form zubereiten.

Möglichst heiß servieren.

Nach dem Frittieren das Fett im Topf abkühlen lassen. Dann durch ein feines Sieb in ein Vorratsglas mit Verschluss filtern und bis zum nächsten Frittieren aufbewahren.

Zutaten:

1		Blumenkohl
120	g	Weizenmehl, Type 1050
1	EL	Kichererbsenmehl
¼	TL	Salz
1	Prise	Kreuzkümmel
1	Prise	Kurkuma
80–100	ml	Wasser
1 ½	l	Rapskernöl

ALLGEMEINE TIPPS:

VARIATIONEN:
Es eignen sich noch eine ganze Reihe anderer Produkte zum Frittieren:
- Zwiebel in dicke Scheiben schneiden, die Ringe herauslösen und einzelne Ringe in Teig tauchen und frittieren.
- Ganze Champignons in Teig tauchen und frittieren.
- Zucchini in Scheiben schneiden, in Teig tauchen und frittieren.
- Süßkartoffel sehr dünn schneiden, in Teig tauchen und frittieren.
- Tofuscheiben in Teig tauchen und frittieren.
- Spinatblätter in Teig tauchen und frittieren.

Leichte Pfannkuchen

mit Zwiebeln, Koriander und Chili

Zutaten:

100 g		Vollkornreismehl
100 g		Kichererbsenmehl
1	TL	Weinsteinbackpulver
½	TL	Salz
ca. 240 ml		Wasser
2		Zwiebeln
½	Bund	Koriander
1		rote Chilischote oder rote Peperoni
4–6 EL		Ghee oder Rapskernöl zum Ausbacken

Zubereitung:

Das Reismehl und das Kichererbsenmehl mit Wasser zu einem dünnen Pfannkuchenteig verrühren. Salz und Backpulver gründlich untermischen. Den Teig zugedeckt ½ Stunde ruhen lassen. Die Zwiebeln schälen, in feine Ringe schneiden und die einzelnen Ringe auslösen. Chili oder Peperoni in feine Scheiben schneiden. Korianderblätter von den Stielen zupfen.

Eine beschichtete Pfanne mit 1 EL Ghee oder Öl auf mittlerer Flamme erhitzen. 1 kleine Kelle Pfannkuchenteig hinein fließen lassen und verteilen. Einige Zwiebelringe, 3–4 Chiliringe und einige Korianderblätter auf dem Pfannkuchen verteilen. Wenn der Teig auf der Oberfläche trocken ist, wenden und auf der anderen Seite kurz backen. Mit dem Belag nach oben auf einen feuerfesten Teller geben und im Backofen bei 50 °C so lange warm halten, bis alle Pfannkuchen gebacken sind.

ALLGEMEINER TIPP:

Wenn man nicht soviel Erfahrung mit dem Backen von Pfannkuchen oder viele Gäste hat, kann man auch 4 kleine Pfannkuchen in einer Pfanne backen. Sie lassen sich sehr einfach wenden.

Kartoffel-Kokos-Salat

Zubereitung:

Die Kartoffeln in Wasser mit 1 TL Salz gar kochen, schälen, in Würfel schneiden und abkühlen lassen. Ingwer schälen und fein reiben, Chili waschen, entkernen und fein hacken. Kokosraspeln und 1 TL Salz unter den Joghurt rühren. Ghee im Topf erhitzen und Senfkörner 1–2 Minuten darin anrösten. Deckel so lange darauf lassen, bis sie nicht mehr springen.

Vorsicht: Die Senfkörner brennen leicht an! Ingwer und Chili dazugeben und unter Rühren anrösten. Joghurt mit Gewürzsud in einer großen Schüssel gründlich vermischen. Dann die Kartoffeln unterheben. Mit Salz abschmecken und mit Petersilie bestreuen.

Zutaten:

8		mittelgroße Kartoffeln
2	TL	Salz
5	EL	Kokosraspeln
500	ml	Joghurt
1	EL	Ghee oder Pflanzenöl
1	TL	Senfsamen
30	g	frischer Ingwer, gerieben
1		frische Chilischote
1	Bund	Petersilie, fein gehackt

TIPP:
Ingwer, Chili und schwarze Senfsamen gleichen die kühlende Wirkung des Joghurts aus und machen den Salat so für das Vata- und Kapha-Naturell bekömmlicher.

Joghurt-Dip mit Gurken und Tomaten

Zutaten:

4		Tomaten
1		Salatgurke
1	TL	Kreuzkümmelsamen, gemahlen und geröstet
400	ml	Joghurt
½	TL	Garam Masala
¼	TL	schwarzer Pfeffer, gemahlen
1	TL	Salz

Zubereitung:

Die Tomaten achteln, die Salatgurke schälen, der Länge nach halbieren, mit einem Teelöffel die Kerne herausschälen und in kleine Stücke schneiden. Den Kreuzkümmelsamen in einer trockenen Pfanne rösten und dann fein mahlen oder mörsern. Den Joghurt mit allen übrigen Zutaten in einer großen Schüssel gründlich vermischen.

TIPP:

Der geröstete Kreuzkümmel macht diesen Dip besonders bekömmlich, auch für Vata- und Kapha-Naturelle, die Rohes und Kaltes grundsätzlich eher meiden sollten.

Joghurt-Dip mit Kokos und Koriander

Zutaten:

250	ml	Joghurt
4	EL	Kokosraspeln
½		Zitrone, Saft
¼	TL	Kreuzkümmel, gemahlen
½	TL	Salz
½	Bund	Koriander, gehackt

Zubereitung:

Joghurt, Kokosraspeln, Zitronensaft, Kreuzkümmel, Koriander und Salz verrühren. Mit Salz abschmecken.

TIPP:

Dieser Dip ist schnell zubereitet und bereichert jede Mahlzeit. Kapha- und Vata-Naturelle sollten ihn nicht in großen Mengen und auch nicht abends zu sich nehmen.

Joghurt-Dip mit Karotten

Zutaten:

2		Karotten
1		Salatgurke
1	TL	Kreuzkümmelsamen
½	TL	Koriandersamen
2	TL	Ghee
500	ml	Joghurt
½	TL	Garam Masala
½	TL	Kreuzkümmel, gemahlen
1	TL	Salz
1	Bund	Schnittlauch, in Röllchen geschnitten

Zubereitung:

Die Karotten schälen und grob raspeln, die Salatgurke ebenfalls schälen und hobeln.

Die Gewürzsamen grob mahlen oder mörsern. Ghee erhitzen und die gemahlenen oder gemörserten Gewürze 1–2 Minuten darin anrösten. Die geraspelten Karotten dazugeben und ebenfalls kurz andünsten. Den Joghurt mit dem Gemüse und dem gemahlenen Kreuzkümmel, Salz, Garam Masala und Schnittlauch in einer großen Schüssel gut vermischen. Am Ende mit Salz und gemahlenem Kreuzkümmel abschmecken.

TIPP:
Die angedünsteten Karotten gleichen die kühlende Wirkung des Joghurts aus und machen es so auch für Vata- und Kapha-Naturelle bekömmlicher.

Dattel-Chutney

Zubereitung:

Zitronensaft in Wasser verrühren, die Datteln in kleine Stücke schneiden und im Zitronenwasser mindestens 30 Minuten einweichen. Die Datteln sollen gut bedeckt sein. Ghee in einem Topf erhitzen, die grob gemörserten Koriandersamen dazugeben und 1 Minute anrösten. Klein geschnittene Chili und Ingwer dazugeben und leicht anbräunen. Die eingeweichten Datteln mit der Flüssigkeit untermischen und 5–10 Minuten bei sanfter Hitze kochen. Mit Zimt, Nelkenpulver und Salz würzen. Zum Schluss frischen gehackten Koriander unter die Datteln heben und servieren.

TIPP:

In der ayurvedischen Küche gilt dieses Chutney als nährend und aufbauend und wird besonders Frauen empfohlen.

Zutaten:

250	g	getrocknete Datteln ohne Stein
		Wasser
		Saft von ½–1 Zitrone
2	TL	Ghee oder Pflanzenöl
1	TL	Koriandersamen, grob gemörsert
1		kleine Chilischote, entkernt und fein gehackt
1		daumengroßes Stück frischer Ingwer, fein gehackt
½	TL	Zimt, gemahlen
1	Msp.	Nelken, gemahlen
ca. ½	TL	Salz
		frischer Koriander, gehackt

Basilikum-Dip

Zubereitung:

Die Tomaten waschen und vierteln.

Grünes und Unreifes entfernen.

Basilikum waschen und zupfen.

Alle Zutaten in einem hohen

Gefäß pürieren.

TIPP:

Basilikum ist eine wichtige, heilige Pflanze im Ayurveda. Ähnlich bedeutend ist Basilikum in der Mittelmeer- küche, z. B. in der griechischen und in der italienischen. Durch seine Ausgewogenheit wirkt es harmonisch auf Körper und Geist.

Zutaten:

2		große, reife Tomaten	½	TL	Pfeffer
2	Bund	Basilikum	1	EL	Schab- ziger Klee
200	g	Joghurt	1–2	TL	Honig oder Agaven- dicksaft
2	EL	Olivenöl			
½–1	TL	Salz	¼	TL	Kardamom, gemahlen

Koriander-Dip

Zubereitung:

Den Koriander waschen und zupfen, den Knoblauch schälen und die Chili entkernen und vierteln. Alle Zutaten in ein hohes Gefäß geben und sorgfältig pürieren.

TIPP:

Koriander regt das Verdauungsfeuer an, ohne den Organismus übermäßig zu erhitzen. Deshalb wird es in der ayurvedischen Küche dem Pitta-Naturell empfohlen.

Zutaten:

3	Bund	Koriander	1	TL	Koriander, gemahlen
1		Knob- lauchzehe	½–1		Saft von Zitrone
1		frische Chili	2	EL	Olivenöl
400	ml	Joghurt	1	TL	Honig oder Agaven- dicksaft
1	TL	Kreuz- kümmel, gemahlen			Salz

Koriander-Ghee

Zutaten:

125 g		weiches Ghee
½	Bund	Koriander, fein gehackt
3	Blätter	Minze, fein gehackt
1	TL	Zitronensaft
1	Prise	Chilipulver
		Salz

Zubereitung:

Koriander und Minze mit dem Zitronensaft und dem Chili unter das Ghee mischen. Mit Salz abschmecken. In ein Schälchen füllen und kalt stellen.

Paprika-Ghee

Zutaten:

125 g		weiches Ghee
1		rote Paprika
1	TL	Koriandersamen
1	EL	Zitronensaft
		Salz
		schwarzer Pfeffer

Zubereitung:

Die Paprika auf einem mit Backpapier abgedeckten Backblech im Ofen bei 220 °C Ober-Unterhitze ca. 30 Minuten grillen, bis die Hälfte der Haut schwarz ist. Herausnehmen und abkühlen lassen. Die Kerne herauslösen und die Haut abziehen. Die Koriandersamen in einer Pfanne bei mittlerer Hitze trocken rösten, bis sie anfangen zu knacken. Fein mahlen oder mörsern. Die Paprika mit dem Zitronensaft und den Koriandersamen pürieren. Dann das Ghee dazugeben und noch einmal kurz pürieren und mit Salz abschmecken. In ein Schälchen füllen und kalt stellen.

Curry-Bananen-Ghee

Zutaten:

125 g		weiches Ghee
1		Banane
1	EL	mildes Curry
1	TL	Zitronensaft
		Salz

Zubereitung:

Die Banane zerdrücken und mit dem Zitronensaft mischen. Ghee untermengen und mit Salz abschmecken. In ein Schälchen füllen und kalt stellen.

ALLGEMEINER TIPP

FÜR ALLE DREI GHEES:

Das Ghee darf nicht zu flüssig sein, sonst setzen sich die Zutaten am Boden ab. In diesem Fall das Ganze immer wieder verrühren, bis sich nichts mehr absetzt.

Vollkornfladenbrote

8–10 STÜCK

Zutaten:

250	g	Weizen- oder Dinkelvollkornmehl
½	TL	Salz
5	EL	weiches Ghee oder Pflanzenöl
100–150	ml	Wasser

Zubereitung:

Das Mehl mit dem Salz und 2 EL Ghee oder Öl in eine Schüssel geben. Nach und nach das Wasser hinzugeben. Dabei alles zu einem weichen, elastischen Teig verkneten. Mindestens 5 Minuten lang kneten. Den Teig zu einer Kugel formen, mit einem feuchten Tuch bedecken und eine halbe Stunde ruhen lassen. Dann aus dem Teig 8–10 gleich große Kugeln formen. Die Kugeln schnell wieder unter das feuchte Tuch legen, damit sie nicht austrocknen.

Den Backofen auf 250 °C vorheizen, das Backblech zum Aufheizen im Ofen lassen.

Eine der Teigkugeln zu einem Kreis von ca. 20 cm Durchmesser ausrollen. Mit dem Backpinsel etwas Ghee oder Öl darauf verteilen. Den Teig in der Mitte übereinander klappen, dann noch zweimal falten, sodass ein spitzes Dreieck entsteht. Dies auf die doppelte Größe wieder ausrollen. Die Fladen schnell auf das Blech legen und sofort wieder in den Backofen schieben. Bei Ober-Unterhitze 5–7 Minuten backen, bis sie schön knusprig und braun sind. Warm servieren.

Kleine Fladenbrote

10–12 STÜCK

Zutaten:

200	g	Weizen- oder Dinkelmehl, Type 1050
¼	TL	Salz
5	EL	weiches Ghee oder Pflanzenöl
100–120	ml	Wasser

Zubereitung:

Das Mehl mit dem Salz und 2 EL Ghee oder Öl in eine Schüssel geben. Nach und nach das Wasser hinzugeben. Dabei alles mindestens 5 Minuten lang zu einem weichen, elastischen Teig verkneten. Den Teig zu einer Kugel formen, mit einem feuchten Tuch bedecken und eine halbe Stunde ruhen lassen. Dann aus dem Teig 10–12 gleich große Kugeln formen. Jedes Teigstück zu einem runden, etwa 1 mm dicken Fladen ausrollen. Nicht stapeln, sonst kleben sie zusammen!

Eine beschichtete Pfanne richtig heiß werden lassen. Einen Fladen in die Pfanne legen. 2–3 Minuten backen, dann wenden und auf der anderen Seite genauso lang backen. Mit etwas Ghee oder Öl bestreichen, wenden, kurz backen, auch die andere Seite mit Ghee oder Öl bestreichen, wenden und ebenfalls kurz backen. Die fertigen Fladen eingeschlagen in einem Geschirrtuch im Backofen bei 50 °C warm halten, bis alle Fladen fertig sind. Warm servieren.

ALLGEMEINE TIPPS:

Nach Geschmack kann man auch folgende Gewürze in den Teig einkneten: 2 EL getrocknete Minze und ¼ TL Chili oder 2 EL Bockshornkleeblätter oder ½ EL Kreuzkümmel oder 1 EL abgeriebene Zitronenschale und 1 EL getrocknetes Basilikum.

Man kann den Teig vorbereiten und als Kugel im feuchten Tuch 1–2 Tage im Kühlschrank aufbewahren.

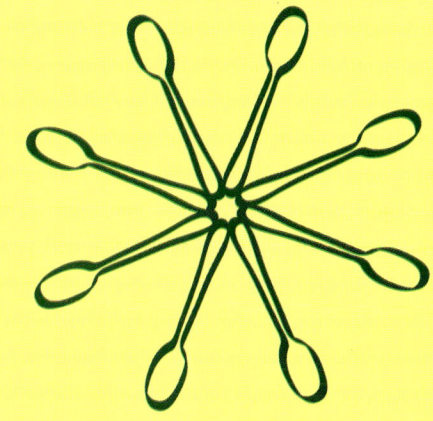

Suppen

Rote Linsensuppe

Zubereitung:

Die Linsen mit dem Wasser zum Kochen bringen und auf kleiner Flamme bei geschlossenem Deckel 20–30 Minuten so lange weiter kochen, bis sie aufplatzen. Eventuell etwas Wasser nachgießen. **Achtung:** Die Roten Linsen werden gelb! Den Ingwer schälen und reiben. In einer Pfanne das Öl auf mittlere Temperatur erhitzen und Kreuzkümmel, Senfsamen, Curryblätter und Ingwer einige Minuten rösten, bis die Senfsamen anfangen zu springen und zu knacken. Die Gewürzmischung zu den Linsen geben, mit Asafoetida würzen und mit Salz abschmecken.

Zutaten:

250 g	Rote Linsen	
750 ml	Wasser	

1	EL	Ghee oder Pflanzenöl
¼	TL	Kreuzkümmel
¼	TL	Senfsamen
4		Curryblätter
30 g		frischer Ingwer
¼	TL	Asafoetida
		Salz

TIPP:

Ingwer und Asafoetida machen dieses Linsengericht auch für das Vata-Naturell mit seiner meist schwachen Verdauung leichter verdaulich.

VATA

Beluga-Linsen mit frischen Kräutern

Zubereitung:

Die Beluga-Linsen mit dem Wasser aufkochen und auf kleiner Flamme bei geschlossenem Deckel 30–40 Minuten kochen, bis sie aufplatzen. Eventuell etwas Wasser nachgießen. Den Zitronensaft dazugeben und mit Salz abschmecken. Kurz vor dem Servieren die Kräuter unterheben.

TIPP:

Die frischen Kräuter bringen Leichtigkeit und Dynamik in dieses Gericht und wirken so ausgleichend auf das Kapha-Naturell.

KAPHA

Zutaten:

250 g	Beluga-Linsen	
750 ml	Wasser	
1	TL	Salz
		Saft einer Zitrone

3 Bund frische Kräuter, gehackt, z. B. Basilikum, Schnittlauch und Petersilie oder Sauerampfer, Bärlauch und Dill oder gemischte Kräuter für Frankfurter Grüne Sauce

Kichererbseneintopf

Zutaten:

250 g		getrocknete Kichererbsen
1		Zwiebel
2		reife Tomaten
30	g	frischer Ingwer
2	EL	Ghee oder Pflanzenöl
1	EL	Kreuzkümmel
1	EL	Kardamomsamen
1		Zimtstange
1	TL	Curry
1	TL	Koriander, gemahlen
1	Prise	Asafoetida, je nach Geschmack
1	Prise	Garam Masala
		Salz
		Sojasauce
½	Bund	Koriander nach Geschmack, gehackt

ALLGEMEINER TIPP:
Kichererbsen gibt es auch bereits gekocht in Gläsern zu kaufen.

Zubereitung:

Die Kichererbsen 8–12 Stunden in Wasser einweichen, z. B. über Nacht. Das Einweichwasser abgießen. Die Kichererbsen mit 1 l Wasser 1½–2 Stunden lang kochen, bis sie weich sind. Die Zwiebel und die Tomaten in Würfel schneiden, den Ingwer schälen und reiben. Das Ghee in einem Topf bei mittlerer Flamme erhitzen, Kreuzkümmel, Kardamom und Zimtstangen 1–2 Minuten darin anrösten. Die Zwiebel, den Ingwer und die Tomaten dazugeben und dünsten, bis die Zwiebeln glasig sind. Dann die gemahlenen Gewürze hinzufügen. Die weichen Kichererbsen mit der Kochflüssigkeit in den Sud geben. Alles zusammen ca. 20 Minuten köcheln lassen. Zum Schluss salzen und abschmecken. Vor dem Servieren den gehackten Koriander zum Eintopf geben.

TIPP:
Kichererbsen sind eine empfehlenswerte Eiweißquelle für das Pitta-Naturell. Für Menschen mit schwächerer Verdauung ist es unterstützend, die Vorkochzeit der Kichererbsen auf 2 ½ Stunden zu erhöhen.

Mungbohnen mit Kokos

Zubereitung:

Die Mungbohnen in der doppelten Menge Wasser für mindestens 4, aber maximal 12 Stunden einweichen. Das Einweichwasser wegschütten und mit 1 l frischem Wasser 1 Stunde kochen. Den Schaum, der beim Kochen entsteht, abschöpfen. Eventuell Wasser nachgießen. Die Zwiebel schälen und fein hacken, die Chilischote entkernen und ebenfalls fein hacken. Den Lauch putzen und in breite Ringe schneiden. In einem Topf das Ghee bei mittlerer Hitze erwärmen. Den Kreuzkümmel und die schwarzen Senfsamen dazugeben und 1–2 Minuten rösten. Den Kurkuma und die Lorbeerblätter unter Rühren dazugeben. Den Lauch, die Zwiebel und die Chili zufügen und kurz anbraten. Die Kokosmilch angießen, verrühren und dann die Mungbohnen dazugeben. Das Ganze noch einmal eine ¾ Stunde bei geringer Hitze köcheln lassen. Zum Schluss mit Zitronensaft, Sojasauce, Salz und den gehackten Kräutern abschmecken.

ALLGEMEINER TIPP:
Die Mungbohnen erst zum Schluss salzen, sie werden sonst nicht weich.

Zutaten:

250 g		Mungbohnen
1		Zwiebel
1	Stange	Lauch
1		frische Chilischote
1	TL	Kreuzkümmel
1	TL	Senfsamen
1	EL	Ghee oder Pflanzenöl
1	TL	Kurkuma
2		Lorbeerblätter
200 ml		Kokosmilch
etwas		Zitronensaft
		Sojasauce
½	Bund	Koriander oder Petersilie, fein gehackt
		Salz

TIPP:
Die süße Kokosmilch macht dieses Gericht für das Pitta- und Vata-Naturell besonders bekömmlich und schmackhaft. Zum Ausgleich des Kapha-Naturells nimmt man nur 50–100 ml Kokosmilch.

VATA PITTA KAPHA

Linsensuppe mit Ingwer und Zitrone

Zutaten:

250	g	gelber Mung Dal (gelbe Linsen, geschält, halbiert)
1		kleine Chilischote
30	g	frischer Ingwer, geschält und gerieben
1	EL	Ghee oder Pflanzenöl
1	TL	Kreuzkümmel
¼	TL	Asafoetida
1		Lorbeerblatt
1		Zimtstange
1250	ml	Wasser
1		Zitrone
8		Kardamomkapseln, zerstoßen, Inhalt fein gemörsert
1	Prise	schwarzer Pfeffer
1	TL	Salz
1	Bund	frischer Koriander oder Petersilie

Zubereitung:

Den Mung Dal waschen, ca. 1 Stunde einweichen und in einem Sieb abtropfen lassen. Die Chilischote entkernen und fein hacken. Den Ingwer schälen und reiben. Das Ghee bei mittlerer Temperatur in einem Topf erhitzen, den Kreuzkümmel darin 1–2 Minuten goldbraun anrösten. Asafoetida, Lorbeerblatt, Zimtstange, Chili und Ingwer dazugeben und 2 Minuten dünsten. Die abgetropften Linsen dazugeben und unter ständigem Rühren 1 Minute ebenfalls andünsten. Dann das Wasser dazugießen. Linsen mit halb geöffnetem Deckel 20 Minuten kochen. Hin und wieder umrühren.

ALLGEMEINER TIPP: Wenn der Eintopf eine festere Konsistenz haben soll, gibt man nur ca. 900 ml Wasser hinzu.

Die Zitronenschale abreiben, die Zitrone schälen, das Fruchtfleisch in kleine Stücke schneiden und entkernen. Kardamom mörsern. Zitronenschale, Zitronenfruchtfleisch und Kardamom in die Suppe geben. 15 Minuten köcheln. Die Zimtstange und das Lorbeerblatt herausnehmen. Mit Salz und Pfeffer abschmecken. Zum Schluss frische gehackte Kräuter dazugeben.

TIPP: Mung Dal ist unter den Hülsenfrüchten die bekömmlichste und am leichtesten verdauliche Linsenart. Sie wird in der ayurvedischen Küche auch die Königin der Linsen genannt und allen Naturellen empfohlen.

Getreide
Gemüse

Gerstenbulgur

Zubereitung:

Das Wasser mit der Prise Salz kochen, den Bulgur hineinrieseln lassen, aufkochen und auf kleiner Flamme 10 Minuten bei geschlossenem Deckel kochen. Den Herd ausstellen und 10 Minuten quellen lassen.

TIPP:
Gerste eignet sich besonders für den Ausgleich des Kapha-Naturells. Sie regt den Stoffechsel an und wird in der ayurvedischen Küche zum Abnehmen empfohlen.

Zutaten:

200 g		Gerstenbulgur
400 ml		Wasser
1	Prise	Salz

Karottengemüse

Zubereitung:

Die Karotten schälen und in schräge, 3 mm dicke Scheiben schneiden. Das Wasser zusammen mit dem Salz aufkochen. Die Karotten dazugeben und bei geschlossenem Deckel auf größter Hitze 3–4 Minuten kochen, bis die Farbe der Karotten am schönsten ist und die Karotten noch knackig, aber gar sind. Das Wasser abgießen, die Karotten in eine Schüssel geben und die Kräuter darüberstreuen.

ALLGEMEINER TIPP:
Statt Karotten kann man für dieses leichte und schnell zubereitete Gericht auch Kohlrabi oder ein anderes junges Gemüse verwenden.

Zutaten:

4–6		große Karotten
100 ml		Wasser
1	Prise	Salz
1	Bund	frische Kräuter, gehackt, z. B. Petersilie oder Sauerampfer oder Bärlauch oder gemischte Kräuter für Frankfurter Grüne Sauce

Saftiges Blattgemüse

Zutaten:

1	kg	grünes Blattgemüse, z. B. Mangold, Spitzkohl, Rübstiel, Spinat, Chinakohl
2		kleine Kartoffeln
20	g	frischer Ingwer, gerieben
1		frische Chili
2	EL	Ghee oder Pflanzenöl
¼	TL	Fenchelsamen
½	TL	Kurkuma
¼	TL	Asafoetifa
1	TL	Salz
2	EL	Zitronensaft

Zubereitung:

Das Blattgemüse gründlich waschen, harte Stiele entfernen, Blätter abtropfen lassen und in mundgerechte Stücke schneiden. Die Kartoffeln schälen und in 2 cm große Würfel schneiden. Die Chilischote entkernen und fein hacken. Das Ghee in einem Topf bei mittlerer Temperatur erhitzen, die Fenchelsamen dazugeben und 1–2 Minuten anrösten, den geriebenen Ingwer und die Chilis dazugeben und 1 Minute unter Rühren braten. Dann Kurkuma und Asafoetida dazugeben und 1 Minute andünsten, die Kartoffelwürfel dazugeben und unter Rühren ca. 8 Minuten bräunen. Das Blattgemüse dazugeben, umrühren, 2 EL Wasser dazugeben und bei geschlossenem Deckel ca. 8 Minuten köcheln. Mit Salz und Zitronensaft abschmecken.

TIPP:
Dieses Gericht eignet sich besonders für den Ausgleich von Pitta und Kapha. Für das Vata-Naturell verfeinern wir das Gemüse am Schluss mit 2 Esslöffeln Sahne.

Gewürzreis

Zubereitung:

Den Reis waschen, 15 Minuten in Wasser einweichen und 15 Minuten abtropfen lassen.

Das Wasser mit Salz zum Kochen bringen. Die Chilischote entkernen und sehr fein würfeln. Den Ingwer schälen und reiben. Das Ghee bei mittlerer Temperatur in einem Topf erhitzen, den Kreuzkümmel dazugeben und 1 Minute anrösten, dann Chili, Ingwer, Zimt und Kardamom hinzufügen. Umrühren, den Reis hineingeben und rühren, bis der Reis anfängt, glasig zu werden. Das kochende Salzwasser dazugießen, den Deckel auf den Topf legen und auf kleinster Flamme 15–20 Minuten köcheln, bis das komplette Wasser vom Reis aufgenommen wurde.

Den Deckel vom Topf nehmen, den Dampf abziehen lassen und mit einer Gabel Ghee oder Butter und frische Kräuter unter den Reis heben.

ALLGEMEINER TIPP: Den Reis während der Kochzeit nicht umrühren, da er sonst leichter anbrennen kann.

TIPP: Der Gewürzsud macht diesen Reis zu einem interessanten Gericht und gleichzeitig gut bekömmlich. Das Pitta-Naturell lässt zum Ausgleich die Chilischote weg.

Zutaten:

350	g	Basmati-Reis, geschält
825	ml	Wasser
1	TL	Salz
2	EL	Ghee oder Pflanzenöl
1	TL	Kreuzkümmel
½	TL	Senfsamen
1		frische Chili
1	TL	frischer Ingwer, gerieben
1	TL	Zimt, gemahlen
1	EL	Kardamomkapseln, zerstoßen, Inhalt fein gemörsert
		frischer Koriander, gehackt
		frische Petersilie, gehackt
2	EL	Ghee oder Butter

Süßkartoffeln und Rote Bete in Kokossauce

Zutaten:

1	Knolle	Rote Bete
3		Süßkartoffeln
1		grüne Chilischote
2	EL	Ghee oder Pflanzenöl
1	TL	Kurkuma
½	TL	Zimt, gemahlen
2	TL	Basilikumblätter, getrocknet
¼	TL	Sternanis, gemahlen
		geriebene Schale von einer ½ Zitrone
200 ml		Kokosmilch
1	EL	Kokosraspeln
		Salz
2	EL	frisches Basilikum, gehackt

Zubereitung:

Die Rote Bete ganz und ungeschält 40 Minuten kochen oder vorgekochte Rote Bete verwenden. Gekochte, abgekühlte Rote Bete schälen, vierteln und in 1 cm dicke Scheiben schneiden. Die (rohen) Süßkartoffeln schälen, waschen, längs halbieren und in 1 cm dicke Scheiben schneiden. Die Chilischote waschen, längs halbieren, entkernen und fein hacken. Das Ghee in einem Topf bei mittlerer Temperatur erhitzen, die gehackte Chili dazugeben und 2 Minuten rösten. Die restlichen Gewürze dazugeben und 1 Minute anrösten. Die Rote Bete und die Süßkartoffeln dazugeben und 2 Minuten unter Rühren anbraten. Die Zitronenschale, die Kokosmilch und die Kokosraspeln hinzufügen. Das Gemüse 10 Minuten kochen, bis die Süßkartoffeln weich sind. Zum Schluss mit Salz und frischem Basilikum abschmecken.

TIPP:
Ein saftiges und nahrhaftes Gericht, das besonders ausgleichend auf das Vata-Naturell wirkt.

Warmer Salat aus Ofengemüse

Zubereitung:

Die Kartoffeln waschen und halbieren. Die Karotten, den Kohlrabi und die Zwiebeln schälen. Alle Gemüse in große Stücke schneiden, z. B die Karotten in schräge dicke Scheiben, den Kohlrabi erst vierteln und dann jedes Viertel noch zweimal quer durchschneiden. Die Zwiebeln vierteln, den Lauch putzen und in 4 cm große Stücke schneiden.

Den Backofen auf 220 °C Ober-Unterhitze vorheizen. Ein Backblech mit Backpapier auslegen. Die Kartoffeln und alle Gemüsestücke darauf geben. 1 EL Olivenöl dazugeben und in das Gemüse „einmassieren". Im Backofen das Gemüse auf mittlerer Schiene ca. 35 Minuten backen, bis die Gemüsestücke und die Kartoffeln gar sind.

Aus dem Backofen nehmen und heiß in eine Schüssel geben. Die Basilikumblätter abzupfen und im Ganzen zum Gemüse geben. Die abgeriebene Schale einer Zitrone, den Saft von 2 Zitronen, 4 EL Olivenöl und Salz nach Geschmack dazugeben. Alles einige Male durchmischen und servieren.

Dieses Gericht schmeckt heiß, warm und auch abgekühlt.

Zutaten:

800 g		Kartoffeln
1		Kohlrabi
4		Karotten
2		Zwiebeln
1	Stange	Lauch
2		Zitronen
2	Bund	Basilikum
5	EL	Olivenöl
		Salz

ALLGEMEINE TIPPS:

VARIATIONEN:
- Im Frühling eignet sich auch grüner Spargel, Maiwirsing oder Chinakohl. Diese Gemüsesorten haben alle eine sehr kurze Garzeit.
- Im Herbst und Winter kann man Pastinaken, Petersilienwurzeln, Rote Bete, Sellerie oder Steckrüben verwenden. Diese Sorten haben eine längere Garzeit.

- Anstelle von Basilikum eignet sich auch frischer Koriander, Minze mit Petersilie gemischt, Sauerampfer oder Schnittlauch.
- Statt Olivenöl kann man zum Anrichten auch Hanföl, Leinöl oder Kürbiskernöl verwenden.
- Als Alternative zu Zitronenschale und -saft eignet sich auch Orangenschale und -saft.

Blumenkohl und Kartoffeln
mit Schafskäse

Zutaten:

1		Blumenkohl
4		mittelgroße Kartoffeln
2		Tomaten
1		Zwiebel
30	g	frischer Ingwer, gerieben
1	EL	Ghee oder Pflanzenöl
5		Nelken
1	TL	Senfsamen
1 ½	TL	Curry
1 ½	TL	Koriander, gemahlen
1	TL	Kurkuma
100	g	Schafskäse
½	TL	Garam Masala
½–1	TL	Salz

Zubereitung:

Den Blumenkohl putzen und in kleine Röschen zerteilen. Die Kartoffeln schälen, waschen und in 2 cm große Würfel schneiden. Die Tomaten in 1 cm große und die Zwiebel in feine Würfel schneiden. Das Ghee in einem Topf bei mittlerer Temperatur erhitzen, die Nelken und die Senfsamen dazugeben und 2 Minuten darin anrösten.

Dann die Zwiebel, den geriebenen Ingwer, Curry, Koriander und Kurkuma dazugeben und weitere 2 Minuten rösten. Jetzt die Tomaten unterrühren, den Blumenkohl und die Kartoffeln dazugeben und so lange köcheln, bis die Kartoffeln weich sind. Eventuell etwas Wasser nachgießen. Zum Schluss den Schafskäse in Würfel schneiden und unter das Gemüse heben.

Einmal kurz aufkochen lassen, mit Salz und Garam Masala abschmecken und etwas ziehen lassen.

TIPP:

Wenn man den Schafskäse weglässt, ist das Gericht für das Kapha-Naturell verträglicher, wenn man die Tomaten weglässt, ist es für das Pitta-Naturell leichter bekömmlich. Gibt man 1 Msp. Asafoetida dazu, wird es für das Vata-Naturell verträglicher.

KAPHA

PITTA

VATA

ALLGEMEINER TIPP:

VARIANTE: Man kann anstelle von Schafskäse auch Ziegenkäse verwenden.

Fenchel in Ingwerwasser mit Kurkuma

Zubereitung:

Den Fenchel längs vierteln (die grünen Ansätze der Stängel können mit verwendet werden), den Strunk entfernen und in 3 mm dicke Scheiben schneiden.

Das Ingwerwasser vorbereiten: Den Ingwer schälen und in Scheiben schneiden, mit 125 ml kochendem Wasser übergießen, 10 Minuten ziehen lassen und durch ein Sieb abgießen.

Ghee erhitzen und den Fenchel dazugeben, kurz andünsten, Salz und Kurkuma dazugeben. Ingwerwasser dazugießen und auf kleiner Flamme 10–15 Minuten kochen, bis der Fenchel gar, aber noch bissfest ist.

Vor dem Servieren gehackten Koriander unterheben.

Zutaten:

2		mittlere Fenchelknollen, insgesamt ca. 700 g
30 g		frischen Ingwer
1	EL	Ghee oder Pflanzenöl
1	Prise	Salz
1	Msp.	Kurkuma
2	EL	frischer Koriander, gehackt

TIPP:

Ein sehr ausgewogenes Gemüsegericht, das sich für alle drei Naturelle gut eignet. Für den Ausgleich des Kapha-Naturells kann das Ingwerwasser schärfer gewürzt sein. Dazu einfach die Ingwermenge je nach Geschmack erhöhen und länger ziehen lassen. Für den Ausgleich des Vata-Naturells gibt man statt Kurkuma etwas Rohrzucker dazu.

Kürbis aus dem Backofen

Zutaten:

1		mittelgroßer Hokkaido-Kürbis
30	g	frischer Ingwer, fein gehackt
1	TL	Koriandersamen
1	TL	Bockshornkleesamen
2	EL	Ghee oder Pflanzenöl
1	TL	Curry
2	EL	Sojasauce
100	ml	Apfelsaft
½	Bund	frischer Koriander, gehackt

Zubereitung:

Den Kürbis vierteln und die Kerne mit einem Löffel herausnehmen. Die Kürbisspalten in mundgerechte Stücke schneiden und auf ein Backblech legen. Die Koriander- und Bockshornkleesamen grob mörsern. In einer Pfanne das Ghee bei mittlerer Temperatur erhitzen und die Koriander- und Bockshornkleesamen darin 1–2 Minuten anrösten. Den gehackten Ingwer und den Curry dazugeben und weitere 2 Minuten anrösten. Den Apfelsaft und die Sojasauce hinzufügen. Den Gewürzsud über das Backblech mit dem Kürbis gießen und vermischen. Mindestens 1 Stunde ziehen lassen. Im Backofen bei Ober-Unterhitze bei 175 °C ca. 45 Minuten backen. Vor dem Servieren mit frischem Koriander bestreuen.

KAPHA

TIPP:

Der Bockshornklee-samen und der scharfe Ingwer machen dieses Gericht auch für das Kapha-Naturell bekömmlich, da sie seinen eher langsamen Stoffwechsel anregen.

ALLGEMEINER TIPP:

Dazu schmeckt der Koriander-Dip von Seite 31.

Reis mit Kurkuma, Kardamom oder Kreuzkümmel

Zutaten:

200 g		Vollkornreis (Basmati oder Rundkorn)
500 ml		Wasser
1	Prise	Salz
1	TL	Kurkuma und
1	Prise	schwarzer Pfeffer
oder		
4		Kardamomkapseln, ganz
oder		
¼	TL	Kreuzkümmel

Zubereitung:

Den Reis zusammen mit dem Wasser, dem Salz und einem der Gewürzvorschläge zum Kochen bringen. Auf kleiner Hitze mit geschlossenem Deckel 45 Minuten kochen. Dabei nicht umrühren. Nach dieser Kochzeit sollte das komplette Wasser vom Reis aufgesogen sein. Der Reis kann so auch noch eine Weile stehen, ohne matschig zu werden.

TIPP:

Durch die Zugabe der unterschiedlichen Gewürze bringen Sie leicht Abwechslung in das Reisgericht und machen es für das Kapha-Naturell bekömmlicher.

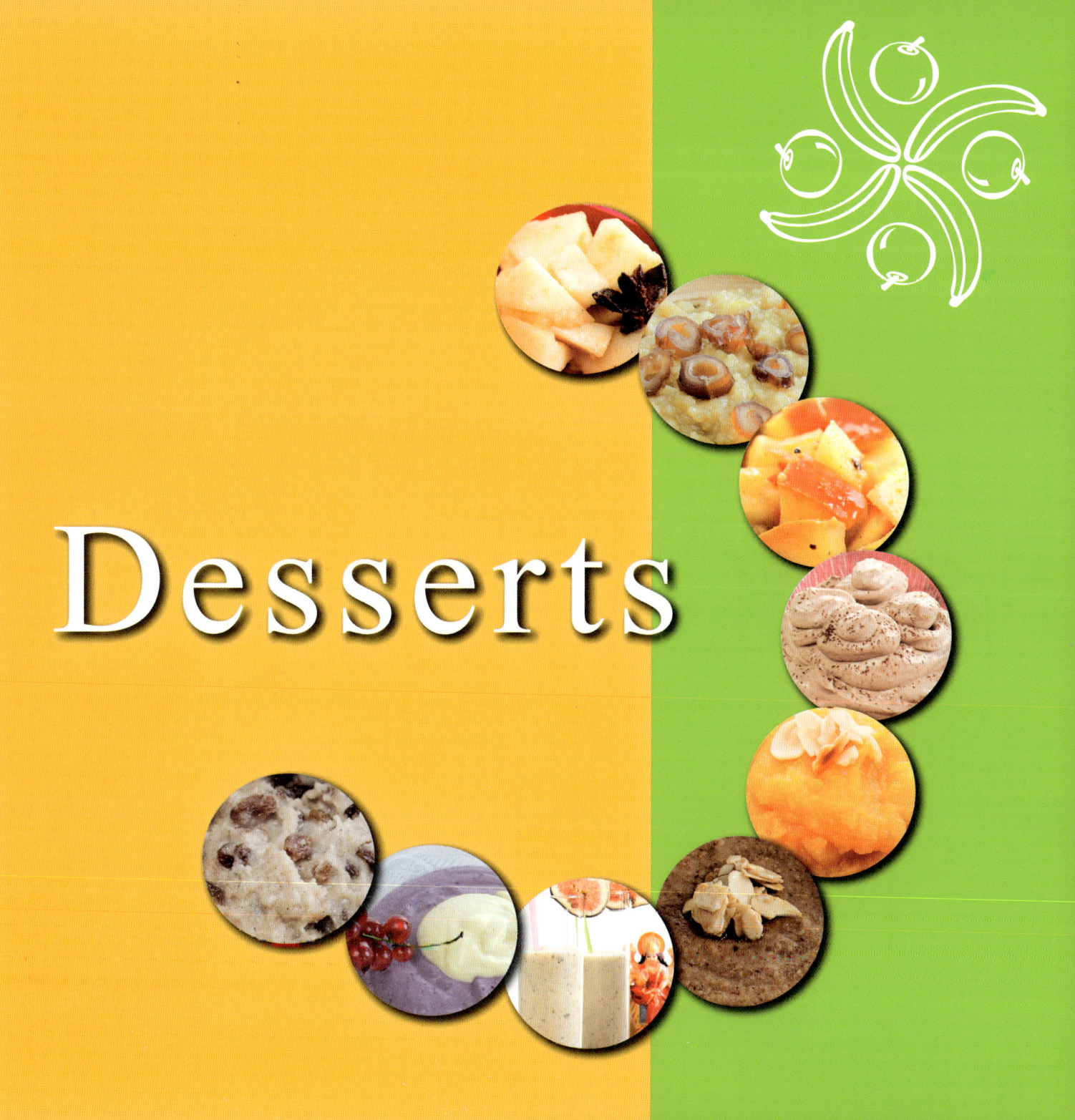

Desserts

Gedünstetes Obst in Ghee

Zubereitung:

Das Obst schälen, entkernen und in kleine Stücke schneiden. Das Ghee in einem Topf bei mittlerer Temperatur erhitzen, das Obst dazugeben und 2 Minuten andünsten, die Gewürze dazugeben und umrühren. Den Apfelsaft dazugießen und 5 Minuten köcheln. Bei Bedarf mit Honig süßen.

TIPP:

**Ein toller Nachtisch oder leichtes Frühstück, das sich auch für das Kapha-Naturell eignet.
Noch leichter wird es, wenn man Äpfel und Gewürze nur in Apfelsaft dünstet und das Fett weglässt.**

Zutaten:

2		Äpfel
2		Birnen
1		Banane
(wahlweise auch anderes Obst)		
1	EL	Ghee oder Pflanzenöl
2		Sternanis, ganz
½	TL	Zimt, gemahlen
1	Msp.	Kardamom, gemahlen
100	ml	Apfelsaft
		wahlweise Honig

Safranpudding

Zutaten:

3	EL	Ghee
5	EL	Rohrzucker
200	g	Milchreis
1	l	Reismilch
2		gehäufte EL Reismehl oder 5 gehäufte EL Reisflocken
30	g	frischer Ingwer, gerieben
1	TL	Safran
2	EL	Rosenwasser
1	Prise	Nelken, gemahlen
bei Bedarf	1–3 EL Honig	
8		Datteln ohne Stein

Zubereitung:

Den Ingwer schälen und reiben. Den Safran mit Daumen und Zeigefinger fein zerreiben.

Das Ghee in einem großen Topf bei mittlerer Temperatur erhitzen. Den Zucker unter Rühren hinzufügen und so lange weiter rühren, bis der Zucker schmilzt. Den Milchreis dazugeben und ebenfalls unter Rühren 2 Minuten anrösten. Die Reismilch dazugießen, kurz aufkochen und so lange köcheln, bis der Reis weich ist. Dabei ab und zu umrühren.

Dann das Reismehl oder die Reisflocken dazugeben. Wenn der Brei zu dick ist, noch etwas Wasser angießen. Dann den geriebenen Ingwer, den zerriebenen Safran, die gemahlenen Nelken und das Rosenwasser unter ständigem Rühren dazugeben. Alles kurz aufkochen und den Topf von der Herdplatte nehmen. Den Reis 5 Minuten quellen lassen. Eventuell Honig unterrühren. Die Reismasse pürieren und in eine Schüssel oder in Dessertschalen füllen. Die Datteln in feine Ringe schneiden und über den Safranpudding streuen.

TIPP:

In der ayurvedischen Küche ist dieser Safranpudding ein aphrodisierender Nachtisch. Pitta- und Vata-Naturelle können ihn auch gut als warmes Frühstück zu sich nehmen.

Apfel-Chutney

Zubereitung:

Die Äpfel entkernen und in mundgerechte Stücke schneiden. Den Ingwer schälen und reiben. Die Chili entkernen und fein hacken, die Koriandersamen mörsern. Das Ghee in einem Topf bei mittlerer Temperatur erhitzen, die Senfsamen und den Koriander dazugeben und 1–2 Minuten darin anrösten. Ingwer und Chili dazugeben und unter Rühren vorsichtig anbräunen. Die Äpfel untermischen, Curry, Salz und etwas Wasser dazugeben. 10–15 Minuten bei geringer Hitze köcheln, bis die Äpfel weich sind. Mit Garam Masala und Zimt abschmecken und bei Bedarf süßen.

TIPP:
Dieses klassische Chutney der ayurvedischen Küche wirkt aufbauend und verjüngend.

Zutaten:

6		rote Äpfel
30	g	frischer Ingwer, gerieben
1		frische Chili
1	TL	Koriandersamen
1	EL	Ghee oder Pflanzenöl
1	TL	schwarze Senfsamen
½–1	TL	Curry
1	Msp.	Salz
ca. 100 ml		Wasser
1	Prise	Garam Masala
1–2	Prisen	Zimt, gemahlen
1–2	TL	Honig

ALLGEMEINER TIPP:
Man kann die Äpfel auch geschält verwenden.

Pralinencreme

Zutaten:

300 ml		Sojaschlagcreme oder Sahne, gekühlt
1	EL	Mandelmus
3	TL	Kakaopulver
1	EL	Honig
½	TL	Zimt, gemahlen
1	Prise	Kardamom, gemahlen
1	Prise	Nelken, gemahlen
3	EL	Rosenwasser

Zubereitung:

Die Sojasahne aufschlagen. Die restlichen Zutaten dazugeben und gut unterrühren. In eine Schüssel oder mehrere Schälchen füllen und kühlen.

TIPP:

Ein Nachtisch, der das Pitta-Naturell besänftigt und auf das Vata-Naturell ausgleichend nährend wirkt. Das Kapha-Naturell wählt statt der Sahne die leichtere Soja-schlagcreme und nimmt nur einen halben Esslöffel Mandelmus.

Karotten-Apfelcreme

Zubereitung:

Die Karotten schälen und in große Stücke schneiden. Dann mit dem Wasser und dem Salz zum Kochen bringen. Bei geschlossenem Deckel auf sehr kleiner Flamme 45 Minuten kochen. Die Äpfel vierteln, entkernen und die Viertel quer halbieren. Nach 15 Minuten zu den Karotten hinzugeben. Nach Geschmack eventuell Gewürze hinzugeben. Ohne umzurühren noch einmal 30 Minuten kochen. Pürieren, heiß, warm oder abgekühlt servieren.

ALLGEMEINER TIPP:
Vor dem Servieren geröstete Mandelblättchen oder geröstete, gehackte Walnüsse darüber geben.

TIPP:
Ein leichter Nachtisch, der sehr ausgewogen ist. Zum besonderen Ausgleich von Vata würzen wir ihn mit viel Vanille und Zimt. Auch fürs Pitta-Naturell würzen wir mit Vanille und Zimt und wählen süße statt saure Äpfel. Zum Ausgleich für das Kapha-Naturell würzen wir mit Zimt und Kardamom.

Zutaten:

1	kg	Karotten
4		Äpfel
100	ml	Wasser
1	Prise	Salz
		Zimt, Vanille oder Kardamom nach Geschmack

Mandelcreme

Zutaten:

Für die Mandelcreme:

200	g	Reisflocken
1	l	Reismilch
200	g	Mandeln, gemahlen
1	EL	Ghee
50	g	Rohrzucker
½	TL	Vanillepulver
½	TL	Kardamom, gemahlen
2	EL	Rosenwasser

Für die Mandelstifte im Ahornsirup-Spiegel:

2	EL	Ahornsirup
1	EL	Rosenwasser
½	TL	Zimt
2	EL	Mandelblättchen
1	TL	Rohrzucker

Zubereitung:

Die Reisflocken mit der Reismilch aufkochen und ca. 15 Minuten köcheln, bis ein Brei entsteht. Den Topf vom Herd nehmen. Die gemahlenen Mandeln bei kleiner Hitze in einer trockenen Pfanne ohne Fett rösten, bis sie anfangen zu duften. Die Pfanne vom Herd nehmen, den Zucker hinzugeben und zügig 2 Minuten rühren.

Das Ghee zu dem Reisbrei geben, und falls der Brei zu fest ist, zusätzlich noch etwas Wasser. Dann mit dem Pürierstab fein pürieren. Das angeröstete Mandelmehl nach und nach unterheben. Mit Vanille, Kardamom und Rosenwasser abschmecken und in eine Schüssel oder in Dessertschalen umfüllen.

In einer kleinen Schüssel den Ahornsirup mit dem Rosenwasser und dem Zimt verrühren. Die Mandelblättchen mit dem Rohrzucker in einem kleinen Topf bei mittlerer Hitze erwärmen. Dabei stetig rühren, bis der Zucker geschmolzen ist. Zum Ahornsirup dazugeben und auf der Mandelcreme verteilen.

TIPP:

Ein Nachtisch, der besonders für Vata-Naturelle und Pitta-Naturelle sehr bekömmlich ist und auch als warmes Frühstück köstlich schmeckt.

Feigen-Mandelmilch

Zubereitung:

Feigen vom Stielansatz befreien und in warmem Wasser einweichen. Ingwer schälen, reiben und den Saft mit der Hand auspressen. Eingeweichte Feigen, Ingwersaft, Mandelmilch, Mandelmus, Kardamom und Pfeffer miteinander pürieren.

ALLGEMEINER TIPP:

In der Saison kann man statt getrockneter Feigen auch frische Feigen verarbeiten.

TIPP:

Ein aufbauendes und verjüngendes Getränk in der ayurvedischen Küche.

Zutaten:

6		getrocknete Feigen
30	g	Ingwer, frisch gerieben
1	EL	Mandelmus
800	ml	Mandelmilch
1	Prise	Kardamom, gemahlen
1	Prise	schwarzer Pfeffer

Beerenmus mit Zitronencreme

Zutaten:

400	g	Cashewkerne
250	g	gemischte Beeren, gefroren
400	ml	Wasser
1		Zitrone, Saft
¼	TL	Kurkuma
2	EL	Agavendicksaft

Zubereitung:

Cashewkerne in einen hohen Behälter geben. Soviel Wasser dazugießen, dass die Kerne gerade bedeckt sind und dann alles pürieren. Wenn die Masse fest wird, nach und nach beim Pürieren so lange Wasser dazugeben, bis eine cremige Masse entsteht. 4 EL abnehmen und in einer Schüssel mit Kurkuma, dem Saft der Zitrone und 1 EL Agavendicksaft mischen.

Zum Rest der Masse die Beeren und 1 EL Agavendicksaft dazugeben und pürieren. In Schälchen anrichten und mit einem Klecks Zitronencreme servieren.

ALLGEMEINER TIPP:
Während der Saison kann man statt gefrorener Beeren auch frische Beeren verarbeiten.

VATA   PITTA   KAPHA

Süßer Grieß

Zubereitung:

Den Grieß in einer Pfanne bei mittlerer Temperatur ohne Fett rösten, bis er duftet und dann abkühlen lassen. Das Ghee in einem Topf bei mittlerer Temperatur erhitzen. Den Grieß dazugeben und verrühren. Das warme Wasser dazugeben und gut verrühren. Unter ständigem Rühren aufkochen, dann zudecken. Den Topf von der Herdplatte nehmen und 5 Minuten quellen lassen. Zucker, Kardamom und Trockenobst dazugeben und unterrühren. Weitere 5 Minuten unter Rühren köcheln. Noch warm servieren.

TIPP:

Dieser klassische Nachtisch der ayurvedischen Küche schmeckt auch als Frühstück für 2 Personen.

Zutaten:

100	g	Dinkelgrieß (wahlweise anderer Grieß)
2	TL	Ghee oder Pflanzenöl
450	ml	warmes Wasser
2	EL	Rohrzucker
1 ½	TL	Kardamom, gemahlen
50	g	Rosinen oder anderes Trockenobst (getrocknete Pflaumen o. ä., in kleine Würfel geschnitten)